AF312661

ARETHUSE,

BALLET

REPRESENTÉ

PAR L'ACADEMIE ROYALLE

DE MUSIQUE.

Le quatorziéme jour de Juillet 1701.

A PARIS.

Chez CHRISTOPHE BALLARD, seul Imprimeur
du Roy pour la Musique, ruë S. Jean de Beauvais,
au Mont-Parnasse.

<hr>

M. DCCI.

Avec Privilege de Sa Majesté.

AVERTISSEMENT.

J'AY suivi dans la conduite de ce Ballet ce que la plufpart des anciens Poëtes ont raconté d'Arethufe & de fon Amant.

Alphée étoit un Prince d'Elide qui avoit une grande paffion pour la chaffe : c'eft ce qui a donné lieu aux Poëtes de feindre qu'il devint amoureux d'Arethufe fuivante de Diane, & que la pourfuivant par tout dans le deffein de la rendre fenfible, cette Nymphe implora le fecours de la Déeffe qui luy ouvrit un chemin dans l'Empire de Pluton, la conduifit dans la Cour de Neptune, & enfin la changea en Fontaine auprés de Siracufe en Sicile. Alphée fût auffi métamorphofé en fleuve.

J'ay tâché d'embellir ce fujet par tous les Spectacles différens que m'a fournis la fuite d'Arethufe : je laiffe au Public à juger fi j'ay réüffi ; du moins je n'ai rien négligé, afin de pouvoir mériter le fuffrage dont il a honoré mes premiers vers. Le fuccés qu'ils ont eu, loin de me donner quelque opinion de moi-même, n'a fervi qu'à me rendre plus apliqué à ce que j'entreprens, & plus docile aux avis que les gens d'efprit & de goût veulent bien me donner.

PERSONNAGES
DU PROLOGUE.

LE PRINTEMPS.   Monfieur Pithon.
LA NYMPHE DE LA SEINE.   Mlle Maupin.
Chœurs de Jardiniers & de Jardinieres.

Noms des Actrices & des Acteurs chantans dans tous les
Chœurs du Prologue & du Ballet.

Second Rang.   Premier Rang.

MESDEMOISELLES.

Cenet.	Du Peyré.	Heufé.	Du Val.
Baffet.	D'Humé.	Defmâtins la cad.	Marchand.
Gherardy.		Loignon.	

MESSIEURS.

Le Jeune.	Buhot.	Du Mont.	Labé.
Heuqueville.	Mantienne.	La Cofte.	Thomas.
Frere.	Richemont.	Cadot.	Des Voix.
Courteil.	Saulé.	Jolain.	Le Brun.
Moreau.	Renard.	Fournier.	Piton.

DIVERTISSEMENT
du Prologue.

TROUPE DE JARDINIERS ET DE JARDINIERES.

Monfieur Dumoulin le cadet.
Meffieurs Dangeville, de Ruel, Courcelle, Dumay, &
la Selle.
Mefdemoifelles Freville, Minette, le Brun, la petite Provoft.

TROUPE DE BERGERS ET DE BERGERES.

Meffieurs Bouteville, Dumoulin l'aîné & Fauvau.
Mefdemoifelles Dangeville, Roze & Defmâtins.

PROLOGUE.

Le Théatre represente les Jardins de Mar-
ly. La Nymphe de la Seine paroît
apuyée sur une Urne, & plusieurs
Nayades autour d'elle.

LE PRINTEMPS. Troupe de Jardiniers,
de Jardinieres, de Bergers, & de Bergeres.

CHOEUR.

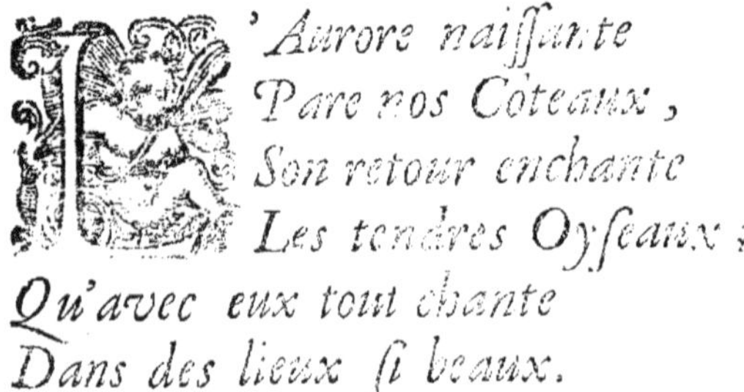

L'Aurore naissante
Pare vos Côteaux,
Son retour enchante
Les tendres Oyseaux;
Qu'avec eux tout chante
Dans des lieux si beaux.

a

Les Jardiniers & les Jardinieres forment en danſans pluſieurs
Berceaux, & viennent placer des Vaſes ſur des Piédeſtaux.

LE PRINTEMPS.

Un Roy que l'Univers admire,
Se plaiſt dans cet heureux Séjour ;
Flore y va pour jamais établir ſon Empire ;
J'y conduis ſa brillante Cour.

Venez, Bergers, venez, Bergeres,
Le Printemps & l'Amour vont combler vos deſirs,
L'un fait naître les Fleurs & l'autre les Plaiſirs :
Venez, Bergers, venez, Bergeres,
Songez à menager de précieux inſtans,
Venez cüeillir les Fleurs, elles ſont paſſageres ;
Profitez des Plaiſirs, ils durent peu de temps.

CHOEUR DES BERGERS.

Raſſemblons-nous dans ces retraites,
Tendres Oyſeaux, formez les Concerts les plus doux ;
Nous chantons de l'Amour les atteintes ſecretes,
Vous les reſſentez comme nous.

LA NYMPHE DE LA SEINE deſcend avec pluſieurs
Nayades.

LA NYMPHE DE LA SEINE.

Pour rendre ce Séjour plus beau,
J'ay ſçû par un chemin nouveau
Conduire juſqu'icy mes Ondes :
La Nature à leur cours s'oppoſoit vainement,
Les Rochers orgüeilleux, les Cavernes profondes,
Tout céde à mon empreſſement.

PROLOGUE. iij

Vous que l'Art tient captives,
Sortez, Ondes, sortez, lancez-vous jusqu'aux Cieux:
Et vous que le plaisir de rester en ces lieux
Vient de rendre moins fugitives,
Par de nouveaux objets enchantez, tous les yeux.

Le Théatre s'embellit de Cascades & d'Eaux jalissantes.

Sur cette riante verdure
Formez mille charmans Ruisseaux;
Coulez, & par un doux murmure
Répondez aux chants des Oyseaux :

Reveillez les Echos de ces sombres Boccages,
Faites briller les Fleurs le long de ces Rivages;
Que l'on doute en voyant ces lieux
Si ce n'est point icy la demeure des Dieux.

LE PRINTEMPS.

Secondez nos desseins, Zéphirs, faites éclore
Toutes les richesses de Flore.

LE PRINTEMPS & LA NYMPHE.

Que l'on doute en voyant ces lieux,
Si ce n'est point icy la demeure des Dieux.

LA NYMPHE DE LA SEINE.

Que le cœur qui n'a point aimé,
Aujourd'huy, s'enflâme & soupire;
Que le cœur qui s'est enflâmé,
Suive encore l'amoureux Empire.

PROLOGUE.

CHOEUR.

Que le cœur qui n'a point aimé,
Aujourd'huy s'enflâme & soûpire;
Que le cœur qui s'est enflâmé,
Suive encor l'amoureux Empire.

LA NYMPHE DE LA SEINE.

Voicy la saison des beaux jours,
Aux plus doux plaisirs tout conspire,
Venez vous livrer aux Amours,
C'est le Printemps qui les inspire.

Que le cœur qui n'a point aimé,
Aujourd'huy s'enflâme & soûpire;
Que le cœur qui s'est enflâmé,
Suive encor l'amoureux Empire.

CHOEUR.

Que le cœur qui n'a point aimé,
Aujourd'huy s'enflâme & soûpire;
Que le cœur qui s'est enflâmé,
Suive encor l'amoureux Empire.

LA NYMPHE DE LA SEINE.

L'Amour sur l'émail de ces Fleurs
Et sous ces tranquiles ombrages,
Vient demander à tous les Cœurs
Et des soûpirs & des hommages.

Que le cœur qui n'a point aimé,
Aujourd'huy s'enflâme & soûpire ;
Que le cœur qui s'est enflâmé,
Suive encor l'amoureux Empire.

CHOEUR.

Que le cœur qui n'a point aimé,
Aujourd'huy s'enflâme & soûpire ;
Que le cœur qui s'est enflâmé,
Suive encor l'amoureux Empire.

Les Danses recommencent.

LE PRINTEMPS.

Par nos dons les plus precieux
Empressons-nous, rendons ces lieux
Dignes de leur auguste Maître.

LA NYMPHE & LE PRINTEMPS.

Nôtre Zele pour luy ne sçauroit trop paroître,
Nous devons unir nos efforts ;
Puisse-t'il mille fois voir icy les tresors,
Que le Printemps fera renaître.

LA NYMPHE DE LA SEINE.

Qu'il partage à jamais la puissance des Dieux,
Qu'il commande aux Mortels dans une paix profonde ;
Que les Dieux satisfaits de gouverner les Cieux,
Se reposent sur luy de l'Empire du Monde.

PROLOGUE.
CHOEUR.

Qu'il partage à jamais la puissance des Dieux,
Qu'il commande aux Mortels dans une paix profonde;
Que les Dieux satisfaits de gouverner les Cieux,
Se reposent sur luy de l'Empire du monde.

LA NYMPHE DE LA SEINE.

D'une Nymphe des Eaux retraçons les amours:
Du pouvoir de Diane implorant le secours,
Arethuse, aux Enfers, sous l'Onde & sur la Terre,
Chercha d'inutiles d'étours;
L'Amour qui la suivoit toûjours
Luy declara par tout la guerre.

Fin du Prologue.

ACTEURS

DU BALLET.

ARETHUSE.　　　　Mademoiselle Moreau.

ALPHE'E.　　　　Monsieur Thevenard.

PLUTON.　　　　Monsieur Hardouin.

PROSERPINE.　　Mademoiselle Champenois.

NEPTUNE.　　　　Monsieur Dun.

THETIS.　　　　Madmoiselle Maupin.

DIANE.　　　　Mademoiselle Defmâtins.

ISMENE. *Suivante de DIANE.* Mademoiselle Savigny.

ENDIMION.　　　Monsieur Chopelet.

L'AMOUR.　　　Mademoiselle Loignon.

Chœurs de Divinitez Infernales.

Chœurs d'Ombres Fortunées.

Chœurs de Divinitez de la Mer.

Chœurs de Nymphes de Diane.

Chœurs de Divinitez Celeſtes & de Peuples de la Terre.

DIVERTISSEMENTS
du Balet.

PREMIER ACTE.

Feste Infernale.

Monsieur Balon.
Messieurs Dumirail, Germain, Bouteville, Dumoulin l'aîné,
Ferand & Blondy.

Ombres Heureuses.

Mesdemoiselles Dangeville, Victoire, Roze, Desmâtins, Freville
& le Maire,

DEUXIE'ME ACTE.

Fête Marine.

MATELOTS.

Messieurs Bouteville, Germain, Blondy, Ferand, Fauvau,
Dumay, Javilier & Roze.

MATELOTES.

Mademoiselle Dufort,
Mesdemoiselles Subligny, le Maire, Freville, Desmâtins, & le Brun.

TROISIE'ME ACTE.

Premiere Feste.

NYMPHES DE DIANE.

Mademoiselle de Subligny.
Mesdemoiselles Dangeville, Victoire, Roze & le Maire.

Seconde Feste.

LES QUATRE PARTIES DU MONDE.

L'EUROPE.

Monsieur de Lestang.
Messieurs Ferand, Blondy, Mademoiselle Desmâtins.

L'ASIE.

Messieurs Germain, Dumoulin l'aîné, Mademoiselle le Brun.

L'AFRIQUE.

Messieurs Dumoulin cadet, Dangeville, Mademoiselle Dufort.

L'AMERIQUE.

Messieurs Fauvau, du Ruel, Mademoiselle Freville.

ARETHUSE,
BALLET.
ACTE PREMIER.
LES ENFERS.

LE Théatre represente les avenuës obscures des Enfers ; dans le fond le Palais de PLUTON. On voit plusieurs Monstres qui en gardent l'Entrée.

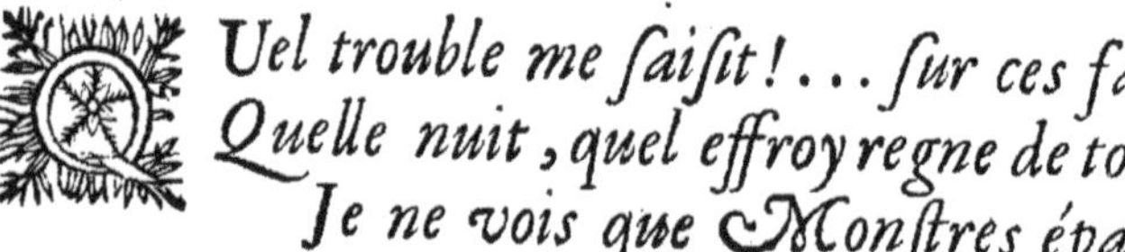

SCENE PREMIERE.
ALPHE'E seul.

Uel trouble me saisit !... sur ces fatales rives
Quelle nuit, quel effroy regne de toutes parts !
Je ne vois que Monstres épars,
Et je n'entens que voix plaintives ;
Que d'abîmes ouverts s'offrent à mes regards !

A

O malheureux Alphée, à quoy sert ta constance?
Jusqu'au fond des Enfers Arethuse te fuit;
Diane contre toy prend toûjours sa deffense,
Sur ces terribles Bords quel espoir te conduit?

       Amour, c'est ta voix qui m'apelle,
Fais-moy revoir encor cette Nymphe cruelle;
Toute Ingrate qu'elle est, un regard de ses yeux
Me rendra le séjour de la nuit éternelle,
       Plus charmant que les Cieux.

     Le Théatre paroît éclairé, & les Monstres disparoissent.

Tout flate mon espoir … Par tout sur ce Rivage
Un nouveau jour succéde à l'horreur de la nuit,
Les Monstres furieux que le noir Stix produit,
       N'en deffendent plus le passage:
       Ce changement, & l'éclat de ces lieux
Tout m'aprend que Pluton va paroître à mes yeux.

SCENE SECONDE.

PLUTON, ALPHE'E, Suite de PLUTON.

ALPHE'E.

PUissant Dieu des Enfers, Monarque redoutable,
    Pardonnez mon audace à mon sort déplorable,
       Le Dieu dont je porte les fers
       M'a guidé sur ces Bords terribles;
Ecoutez seulement les maux que j'ay soufferts,
       Et la pitié jusqu'aux Enfers
       Poura trouver des cœurs sensibles.

PLUTON.

Ce n'eſt qu'en renonçant au jour,
Qu'un Mortel peut paroître en cet affreux ſéjour ;
Le Cocyte & le Stix ſur leurs Rivages ſombres
Ne laiſſent paſſer que les ombres :

Un ſuplice cruel eût ſuivi ton effort ;
Mais tout doit ſe ſoûmettre à l'amour qui t'ameine,
Il triomphe des loix du ſort.
Et me rend ſenſible à ta peine.

Abandonne ton ame au plus charmant eſpoir,
Diane ſur ces Bords a conduit Arethuſe,
Dans ces lieux je viens de la voir,
Ton effort eſt trop juſte, & ſa beauté t'excuſe.

ALPHE'E.

En vain je gémis ſous ſa loy,
Rien ne peut fléchir l'Inhumaine ;
Vous pouvez juger de ma peine,
Vous avez aimé comme moy.

PLUTON.

L'Objet qui m'a charmé fut long-temps inſenſible ;
Mais l'amour trouve tout poſſible ;
L'Hymen va nous unir du plus charmant lien.

ALPHE'E.

Hélas ! que vôtre ſort eſt different du mien.

Le Dieu qui nous tient dans ſes chaînes
Ne traite pas également nos cœurs ;
Vous n'en goûtez que les douceurs,
Et je n'en reſſens que les peines.

PLUTON.

Aprés mille rigueurs l'Amour comble mes vœux ;
Imite ma constance, espere un sort heureux.

      Pour fléchir un Objet severe
      Il est un favorable instant ;
      Un cœur fidele qui l'attend
      Connoît tôt ou tard que pour plaire,
      Il est un favorable instant.

PLUTON & ALPHE'E.

Amour, charmant vainqueur, signale ta puissance,
Des cœurs que tu soûmets, vien combler les desirs ;
Recompense leurs soins, couronne leur constance,
      Fais ta gloire de leurs plaisirs.

PLUTON.

L'Objet de ton amour va partager les charmes
Des Jeux que nous allons celebrer en ces lieux ;
Ta presence pouroit augmenter ses allarmes,
Il faut pour quelque temps te cacher à ses yeux.

SCENE TROISIE'ME

PLUTON, PROSERPINE, ARETHUSE,
Suivans de PLUTON, Suivantes de
PROSERPINE.

PROSERPINE.

BElle Nymphe, ceſſez de craindre,
Prenez part aux plaiſirs de cet heureux Séjour.

ARETHUSE.

Hélas ! à quel effort voulez-vous me contraindre ?
Je fuis tout ce qui peut me parler de l'amour.

PROSERPINE.

Non, il n'eſt pas poſſible
De reſiſter long-temps à l'amoureuſe loy ;
J'étois comme vous inſenſible,
Vous ſerez quelque jour ſenſible comme moy.

Voyez nos Jeux, quittez cette rigueur extrême.

PLUTON.

Un doux Hymen s'apprête à combler nos deſirs,
Vôtre preſence & les beaux yeux que j'aime
Vont faire naître les plaiſirs.

SCENE QUATRIÉME.

PLUTON, PROSERPINE, ARETHUSE;
Suite de P L U T O N , Suite de P R O S E R P I N E,
Troupe de Divinitez infernales , Chœur d'Ombres des Champs Elifées.

PLUTON.

SEjour aux Mortels redoutable ,
Sombres Bords deftinez aux vengeances des Dieux,
Ceffez en ce moment de montrer à nos yeux
Ce que vous avez d'effroyable.

Le Théatre change & reprefente un Bois de Mirthe,&
dans le fond une Grotte confacrée à l'Amour , où ce
Dieu tient dans fes chaînes des Divinitez infernales.

Que vôtre horreur fe change en un éclat pompeux ;
Que l'on ne parle point de ces cruelles flâmes
Qui rendoient mon Empire affreux ,
Que l'on n'y parle que des feux
Dont l'Amour embraze nos ames.

Il regne dans mon cœur, qu'il regne dans ma Cour ;
Que l'on ne porte icy que fes plus douces chaînes,
Que les tourmens de ce Séjour
Ne foient que d'amoureufes peines.

BALLET.

CHOEUR.

Amour, tout reconnoît ton pouvoir glorieux,
Fais briller ton flambeau dans ces Royaumes sombres;
Tu soûmets à tes loix les Hommes & les Dieux
    Triomphe encor parmi les Ombres.

GRAND CHOEUR.

Que de ces lieux
La douceur est extrême !
Tout plaît aux yeux,
Si-tôt que le cœur aime.

PETIT CHOEUR.

L'affreuse nuit
N'a rien qui nous allarme,
L'Amour nous suit,
Avec luy tout nous charme.

GRAND CHOEUR.

Que de ces lieux
La douceur est extrême !
Toût plaît aux yeux,
Si-tôt que le cœur aime.

PETIT CHOEUR.

Rien ne plairoit
Sans ce bonheur suprême,
Tout languiroit
Jusques dans le Ciel même.

GRAND CHOEUR.

Que de ces lieux, &c.

PROSERPINE.

Amour, j'ay long-temps refifté,
Mais mon cœur fe repent d'une vaine fierté,
N'en fuis-je pas affez punie ?
J'ay vêcu fans amour, j'ay vêcu fans defirs ;
Hélas ! en te fuyant, je fuyois les plaifirs
Les plus doux de la vie.

PLUTON.

Il n'eft point de cœur fauvage
Que l'Amour n'engage,
Ce Dieu fait fentir fes traits
Où l'Aftre du jour ne luit jamais.
On foûpire
Jufques dans le fombre Empire,
Nous portons fes fers
Jufques dans les Enfers ;
Aimons tous,
Que fes coups
Sont pleins de charmes ;
Les foûpirs, les larmes
Vont icy fe calmer ;
L'Enfer le plus terrible
N'aura rien d'horrible,
Puis qu'on y fçait aimer.

PLUTON

BALLET.
PLUTON & PROSERPINE.

Suivons tous des ardeurs si belles,
Pour signaler cet heureux Jour,
Ne souffrons point de cœurs rebelles :
Que l'on punisse en ce séjour
Avec les Ombres criminelles
Celles qui n'auront point d'amour.

SCENE CINQUIE'ME.
PLUTON, PROSERPINE, ARETHUSE,
Suite de PLUTON & de PROSERPINE.

ARETHUSE.

Quel trouble s'éleve en mon cœur ?
Fuyons de ces concerts la fatale douceur.

PROSERPINE.
Pouvez-vous de l'Amour éviter la puissance ?
Il regne, il triomphe en tous lieux.

PLUTON.

Cessez de faire resistance,
L'Amant que vous fuyez vient s'offrir à vos yeux,

ARETHUSE.

Que je crains un Amant si tendre !
Déesse, que je sers, viens encor me deffendre.

B

SCENE SIXIE'ME.
ALPHE'E seul.

BElle Nymphe ....

  A R E T H U S E sort du Théatre.

   Que vois-je .. O Dieux ! elle me fuit ...
Quoy ? d'un si tendre amour cette haine est le fruit !
C'en est trop : le dépit s'empare de mon ame ,
Il faut rompre mes nœuds , il faut vaincre ma flâme,
   Le fort m'offre dans ce séjour
Du Fleuve de l'Oubli le secours favorable ;
   Finissons mon fort déplorable ,
Perdons le souvenir d'un malheureux amour ...
   Qui me retient ... En ce moment funeste
   Tout l'espoir qui me reste
Est d'oublier l'Ingrate & de ne la plus voir ....
Que dis-je , l'oublier ? vain transport ! vain espoir !
Ay-je un cœur fait , hélas ! pour oublier ses charmes ?
Je vivrois sans la voir ! ... Ah ! malgré les rigueurs
   Qui vous ont coûté tant de larmes ,
Mes yeux , le jour pour vous auroit-il des douceurs ?
Suivons es pas , tâchons d'attendrir la Cruelle ;
   Si je ne puis toucher son cœur ,
   Mon desespoir & ma fureur
auront me replonger dans la nuit éternelle.

Fin du premier Acte.

ACTE SECOND.
LA MER.
Le Théatre represente le Palais de NEPTUNE.

SCENE RREMIERE.
ARETHUSE seule.

SEvere Tyran de mon cœur,
Devoir, que voulez-vous encore ?
Je combats chaque jour une douce langueur,
Je fuis un Amant qui m'adore :
Severe Tyran de mon cœur,
Devoir, que voulez-vous encore ?

En vain il cherche à m'enflâmer,
Faudra-t-il toûjours me contraindre ?
Je fais assez d'efforts pour ne le pas aimer,
Ne m'empêchez pas de le plaindre ;
Je ne montre à ses yeux que mépris, que rigueur,
Si je le plains, du moins je prends soin qu'il l'ignore :

ARETHUSE,

Severe Tyran de mon cœur,
Devoir, que voulez-vous encore?

Tout paroît s'animer dans ce séjour charmant;
C'est le Dieu des Mers qui s'avance:
Les flots par leur frémissement
De leur auguste Maître annoncent la presence.

SCENE SECONDE.

NEPTUNE, ARETHUSE, Suite de NEPTUNE.

NEPTUNE.

Tous les Fleuves de l'Univers
Et les Dieux que je tiens sous mon obeïssance;
Vont celébrer le Jour où Vénus prît naissance:
Nymphe, voyez leurs Jeux, écoûtez leurs Concerts.

ARETHUSE.

De l'Amour qui veut me surprendre,
Je fuis le charme dangereux;
Parmi les Plaisirs & les Jeux
Un cœur ne sçauroit s'en deffendre.

Pour éviter ses traits je cherchois ce Séjour.

NEPTUNE.

Fuyez de ce Palais, si vous fuyez l'Amour.

Il n'est point sous les flots un cœur qui ne soûpire,
C'est dans l'humide Empire
Que Vénus a reçû le jour;

Quand elle vint sur nos Rivages,
A l'Univers surpris demander de l'Encens,
Nos cœurs à ses charmes naissans
Rendirent les premiers hommages.

ARETHUSE.

Quoy? tout trompera mon espoir?
Ce Dieu fait-il par tout éclater son pouvoir?

NEPTUNE.

Jusques dans nos Grottes profondes
L'Amour vient embraZer nos cœurs;
Malgré la froideur de leurs Ondes,
Les Fleuves sont soûmis à ses vives ardeurs.

ARETHUSE.

Où puis-je me cacher? tremblante, fugitive,
J'ay parcouru les plus lointains Climats;
Jusques sur l'infernale Rive
Que me sert-il d'avoir porté mes pas?
L'Amour en a percé la nuit la plus profonde;
En vain promte à me secourir
Diane à mes desirs vient encore d'ouvrir
Un passage sous l'Onde,

On reſſent l'amour dans ces lieux !
Ou fuïr ? ou chercher un azile ?
Il ne me reſte plus qu'à monter dans les Cieux….
Mais y ſerois-je plus tranquile ?
C'eſt-là qu'en Souverain il regne ſur les Dieux.

NEPTUNE & ARETHUSE.

Quel tourment de craindre ſans ceſſe
L'Amour qui veut nous engager,
Plus on le fuit, plus il nous preſſe ;
Par tout nos cœurs ſont en danger.

NEPTUNE.

Dans ce lieu ma Cour ſe raſſemble,
Voyez la pompe de ce ſour ;
S'il eſt quelque danger à céder à l'Amour,
Il eſt moins cruel qu'il ne ſemble.

SCENE TROISIE'ME.

NEPTUNE, THETIS, ARETHUSE,
Suivans de NEPTUNE, Troupe de Dieux Marins
& de Nereïdes, Troupe de Fleuves & de Sirenes.

NEPTUNE.

QUe dans un si beau Jour rien ne trouble nos Jeux.
Qu'Eole en ses prisons, sous des masses pesantes,
Enchaîne le couroux des Vents impétueux ;
Qu'ils grondent vainement dans leurs Antres affreux,
  De voir leurs fureurs impuissantes.
  Et vous, Fleuves, qui chaque jour,

  Aprés des courses vagabondes,
Des bouts de l'Univers venez tous à ma Cour
  Payer le tribut de vos Ondes ;
Suspendez votre cours, vous devez avec nous
  Partager des plaisirs si doux.

NEPTUNE, THETIS & les Chœurs.
 Celébrons le Jour glorieux,
 Où l'on a vû sortir de l'Onde
  Les délices des Cieux,
 Les plaisirs & l'amour du Monde.

NEPTUNE..
 Mortels, dont l'Art ingénieux,
Sur l'Empire des Flots s'est ouvert un passage,
Neptune vous permet de paroître en ces lieux,
 Unissez-vous avec les Dieux ;
A la Mere d'Amour venez tous rendre hommage.

SCENE QUATRIE'ME,

NEPTUNE, THETIS, ARETHUSE,

Troupe de Tritons & de Nereïdes ; Troupe de
Fleuves & de Syrenes, Troupe de Matelots &
de Marinieres.

THETIS.

Tout s'embelit en ce Séjour,
Tout celébre avec nous la Mere de l'Amour.

    Les Vents tranquiles dans leurs chaînes,
    Laissent en paix le sein des Mers ;
Le Zéphir regne seul sur les humides Plaines,
    De l'aimable chant des Syrenes,
    On entend retentir les Airs ;
    Malgré la douleur qui la presse,
Alcione à leurs voix vient mêler ses accents,
    Et pour former de plus doux chants,
Ralume dans son cœur sa premiere tendresse ;
    Tout s'embelit en ce Séjour,
Tout celébre avec nous la Mere de l'Amour.

Les Danses recommencent.

THETIS.

Tendres Cœurs qu'agite l'orage,
Vous pourez trouver un beau jour ;
On ne sçauroit faire naufrage
Quand on est guidé par l'Amour.

                                  Tôt ou

Tôt ou tard une ame constante,
En aimant goûte un heureux sort;
C'est quelquefois par la tourmente
Que l'on est conduit dans le Port.

NEPTUNE.

Nymphe, vôtre esperance est vaine;
Vous allez voir l'Amant soûmis à vôtre loy.

ARETHUSE.

Alphée, ô Ciel !

NEPTUNE.

Il vient: c'est l'Amour qui l'ameine,
Ce Dieu dans mon Empire est plus Maître que moy.

SCENE CINQUIE'ME.

ALPHE'E, ARETHUSE.

ALPHE'E.

*M*Algré tant de rigueurs, Nymphe trop inhu-
    maine,
Je viens chercher encor vos dangereux attraits:
Ah ! j'aime mieux éprouver vôtre haine,
Que de me condamner à ne vous voir jamais.

ARETHUSE.

Je fuis l'Amour, je crains sa chaîne,
Laissez, laissez mon cœur en paix.

C

ALPHE'E.

Ne pouray-je fléchir cette rigueur extrême ?
Languiray-je toûjours sous ses plus rudes coups ?
Sur la Terre, sous l'Onde, & dans les Enfers même,
     Je n'ay rien vû de si cruel que vous.

Tout l'Univers, témoin de ma douleur mortelle,
Plaint le sort rigoureux d'un Amant si fidelle ;
Vous, qui causez mes maux, ne me plaindrez-vo⁹ pas ?

ARETHUSE.

     Ah ! pourquoy suivez-vous mes pas ?

Cessez de vouloir me contraindre
A suivre un penchant amoureux ;
Je n'entens que des cœurs se plaindre,
Et de l'Amour & de ses feux,
Sur l'exemple des malheureux,
Mon cœur ne cesse de le craindre.
Cessez de vouloir me contraindre
A suivre un penchant amoureux.

ALPHE'E.

Non, ce n'est point l'amour qui cause vos alarmes,
C'est quelqu'heureux Rival qui me rend odieux ;
     Le Dieu des Mers vous parloit en ces lieux,
       Seroit-il épris de vos charmes ? ....
Vous vo⁹ troublez... Je vois mon malheur dãs vos yeux.

Le sort m'oppose un Rival trop terrible,
De son Rang glorieux vôtre cœur est charmé;
Ingrate, vous m'auriez aimé,
Si l'amour seul l'avoit rendu sensible.

ARETHUSE.

Vous ne connoissez pas mon cœur.

ALPHE'E.

Ne feignez plus, cessez de cacher mon malheur.

Ah! que n'est-il en ma puissance
D'immoler ce Rival charmé de vos attraits?
Du moins j'adoucirois les maux qu'Amour m'a faits,
Par le plaisir de la vengeance.

ARETHUSE.

Vous ne connoissez pas mon cœur;
Il n'a point jusqu'icy reconnu de Vainqueur,
Il croit pour estre heureux qu'il doit estre insensible,
Il veut l'estre jusqu'au trépas;
Hélas! s'il est possible,
Pour son repos ne le détrompez pas.

ALPHE'E.

Cédez à ma constance,
Aimez à vôtre tour;
Ah! faut-il que des yeux où j'ay pris tant d'amour,
Me marquent tant d'indifference!

Vous ne m'écoûtez point, cruelle, je le vois,
Vous cherchez à me fuïr encore;
Rien ne peut vous fléchir, en vain je vous adore...

ARETHUSE.

Alphée, écoûtez-moy pour la derniere fois :
Je vous fuis, de mon cœur je suis toûjours maîtresse ;
Je crains l'Amour, je crains ses coups ;
Mais si ce cœur estoit sensible a la tendresse,
Il ne le seroit que pour vous.

ALPHÉE.

Pour moy ! le puis-je croire ? O Dieux ! Nymphe
adorable !
Quoy? je verrois finir mon destin déplorable !

ARETHUSE.

Sous les loix de Diane un rigoureux devoir,
Me deffend de vous voir ;
Ma fuite, hélas ! ne peut estre trop promte ;
Je n'ay que trop long-temps demeuré dans ces lieux,
Ne suivez point mes pas, épargnez-moy la honte
D'en rougir à vos yeux.

SCENE SIXIE'ME.
ALPHE'E seul,

UN espoir trop charmant vient flater ma tendresse ;
Une fiere Déesse
S'oppose seule à tous mes vœux ;
Vole, Amour, rends mon sort heureux :
Que Diane aujourd'huy te céde la victoire,
En la soûmettant à tes feux,
Hâte-toy de combler mes desirs & ta gloire.

Fin du second Acte.

ACTE TROISIE'ME.

LA TERRE.

Le Théatre represente la Plaine d'Elide, &
des Bois sur les côtez.

SCENE PREMIERE.

DIANE seule.

Ah ! que les mouvemens d'une naissante flâme
Jettent de trouble dans une ame
Qui veut avec l'amour accorder la fierté !
Je cherche vainement le silence & les ombres,
La paix de ces retraites sombres
Ne peut rendre le calme à mon cœur agité.
Ah ! que les mouvemens d'une naissante flâme
Jettent de trouble dans une ame
Qui veut avec l'amour accorder la fierté !

En vain j'ay d'Arethuse embrassé la deffense,
Le Dieu que je bravois vient de punir mon cœur
Des mépris de la Nymphe & de ma resistance.

L'aimable Endimion s'est rendu mon vainqueur ;
Je dois toûjours fuir sa presence,
Si je veux cacher ma langueur.

Que vois-je ? c'est luy qui s'avance,
Fuyons … mais la fierté m'en fait en vain la loi,
A quoy sert l'effort que je tente ?
Ah ! je sens malgré moy,
Et l'Amour triomphant, & la fierté mourante.

DIANE se retire au fond du Théatre.

SCENE SECONDE.

ENDIMION, DIANE.

ENDIMION sans voir DIANE.

AH ! que c'est un tourment affreux
D'aimer sans espoir d'être heureux !

Mon cœur adore une Immortelle,
Il n'apartient qu'aux Dieux de vivre sous sa loi ;
Peut-elle s'oublier pour moi
Quand l'Amour me contraint à m'oublier pour elle !

Ah ! que c'est un tourment affreux
D'aimer sans espoir d'être heureux !

DIANE s'avance sur le Théatre.
Elle vient : de mes feux cachons la violence :

DIANE.
Vous détournez vos pas ?

ENDIMION.
Je crains que ma presence
Ne vous offense dans ces lieux.

DIANE.
Je cherchois de ces bois la paix & le silence.

ENDIMION.
Vous veniez de l'Amour y braver la puissance.

DIANE.
Ah ! c'est le plus cruel des Dieux !

ENDIMION.
Qu'il est à craindre dans vos yeux !

DIANE.

Qu'entens-je?

ENDIMION.

Qu'ay-je dit!...que fais-je?...temeraire...
Mon amour malgré moy vient de se découvrir!

DIANE.

Quoy! ne craignez-vous point ma trop juste colere?

ENDIMION.

Je ne cherche plus qu'à mourir;

Que ma mort déplorable
Aux mortels trop audacieux
Donne un exemple mémorable
Du respect que l'on doit aux Dieux.

DIANE. à part.

Quel est mon trouble, helas!

ENDIMION.

Mon amour vous outrage,
Vous devez m'accabler d'un couroux éclatant;
Loin de m'en repentir, je sens qu'à chaque instant
Je vous offence davantage.

Ordonnez de mon sort,
Mon amour vous irrite, & je cours à la mort.

DIANE.

Arrêtez....ah faut-il luy montrer ma foiblesse!...
Arrêtez, à vos jours Diane s'interesse.

ENDIMION.

Par un songe trompeur ne suis-je point flâté!

DIANE.

DIANE.

Non, je ne sçaurois plus vous cacher vôtre gloire,
L'Amour désarme ma fierté.

ENDIMION.

Pour un mortel !... le puis-je croire ?

DIANE.

Quand l'Amour veut unir les cœurs
Il n'a point égard aux grandeurs,
Il veut seulement qu'on soûpire :
Il égale les cœurs qui se laissent charmer,
Et celuy qui sçait mieux aimer
Est le plus grand dans son empire.

ENDIMION.

Ah ! je puis me flâter du sort le plus heureux !

DIANE.

Aimons-nous à jamais.

ENDIMION.

Formons les plus doux nœuds.

DIANE & ENDIMION.

Brulons de la plus belle flâme,
Oubliez pour m'aimer vôtre rang & le mien,
Aimons-nous, la grandeur n'est rien,
L'amour seul peut charmer un ame.

DIANE.

Vous, Nymphes, qui vivez sous mon obeïssance,
Venez, & de l'Amour admirez la puissance ;
Diane se laisse enflâmer,
Qui pourra désormais se deffendre d'aimer ?

D

SCENE QUATRIE'ME.

DIANE, ENDIMION, Troupe de Nymphes
de DIANE.

CHOEUR.

NE craignons plus, rendons les armes,
L'Amour nous offre mille attraits ;
Que nos cœurs reſſentent ſes traits,
Que nos voix célébrent ſes charmes.

DIANE.

L'Amour veut me charmer,
Pourquoy m'en allarmer ?
Si mon cœur céde à la tendreſſe,
Qui peut le blâmer ?
Tout ſe laiſſe enflâmer,
Eſt-il quelque Déeſſe
Exemte d'aimer
Par ſes fleurs,
Par ſes vives couleurs,
Flore du doux Zephire
Veut fixer les vœux ;
Et Pomone ſoûpire
Dans de tendres nœuds ;

La charmante Cypris
Aime, fuit Adonis;
  Cybele encore
  Plaint le fort d'Atys;
Et fans ceffe l'Aurore
  Previent, cherche, adore
L'Amant de Procris.

La fierté dans mon cœur
T'a laiffé le Vainqueur,
Regne Amour, ma fuite étoit vaine,
  Je vois mon erreur;
Pourquoy fuïr ton ardeur?
Pourquoy craindre ta chaîne?
  C'eft fuïr fon bonheur.
   Les Amans
Cheriffent leurs tourmens,
Que leur ame eft ravie!
Tes feux font charmans,
On te doit de la vie
Les plus doux momens;
  Au celefte féjour
Tout s'enflâme à fon tour;
  Un cœur rebelle
  N'a pas un beau jour;
Quelle peine cruelle
Pour une Immortelle
D'être fans amour!

SCENE QUATRIEME.

DIANE, ENDIMION, ARETHUSE.

ARETHUSE.

DE quels concerts retentissent ces lieux ?
Aux charmes de l'amour Diane a pû se rendre !
Mortelle puis-je me deffendre
D'un pouvoir qui soûmet les Dieux ?
Loin que mon cœur ose s'en plaindre,
Par un si doux exemple il se laisse charmer.
De ses feux aujourd'huy l'Amour veut m'enflâmer,
Et le devoir veut les éteindre ;
Devoir, cessez de me contraindre,
Où toy, cruel Amour, cesse de m'allarmer.

DIANE & ENDIMION.

L'Amour n'a que de douces peines
Ne contraignez point vos desirs,
Quand ce Dieu vous offre ses chaînes,
Il vous prepare des plaisirs.

SCENE CINQUIE'ME.
DIANE, ENDIMION, ALPHE'E, ARETHUSE.

ALPHE'E.

Quoy! voulez-vous encor resister à ma flâme?
Ma constance & mes soins ne touchent point
votre ame!
    Pour moy tout vous parle en ce jour,
    Diane elle-même soûpire.

ARETHUSE.

Qu'il seroit glorieux d'échaper à l'Amour
    Qui la soumet à son empire!
Mais je voudrois envain vous cacher ma langueur;
Je n'avois contre vous de secours que la fuite,
A ne pouvoir vous fuir vous me voyez reduite,
    Et vous lisez trop dans mon cœur.

ALPHE'E.

Un heureux sort enfin couronne mon attente!
    Amour, Divinité charmante,
    Que les transports que je ressens
    Te marquent ma reconnoissance;
    Plus nos feux ont de violence,
    Plus nos cœurs sont reconnoissans.

à ARETHUSE.

O Dieux ! qu'il m'a coûté de soûpirs & de larmes
Pour vous guerir d'une fatale erreur.

ARETHUSE.

Une crainte trop vaine avoit seduit mon cœur,
Oubliez vos tourmens.

ALPHE'E.

Oubliez vos allarmes.

ALPHE'E & ARETHUSE.

Gardons à jamais nos amours,
Cherissons le poids de nos chaînes ;
Nous avons vû finir nos peines ,
Que nos plaisirs durent toûjours.

DIANE, ENDIMION, ALPHE'E, ARETHUSE.

Ah ! quel éclat ! quelle clarté nouvelle !

DIANE & ENDIMION.

C'est l'Amour qui vient dans ces lieux.

ALPHE'E & ARETHUSE.

L'air en est plus brillant , la terre en est plus belle.

DIANE, ENDIMION , ALPHE'E , ARETHUSE.

Rendons, rendons hõmage au plus charmant des Dieux.

DERNIER DIVERTISSEMENT.

L'AMOUR descend dans une gloire avec toutes les Divinitez céléstes, & rassemble les Peuples de la terre pour célébrer sa victoire & le bonheur des Amans qu'il a soûmis.

L'AMOUR, DIANE, ENDIMION, ALPHE'E, ARETHUSE, CHOEUR de Dieux & de Peuples.

L'AMOUR.

A Mants que j'ay contraints à céder la victoire,
Je borne ma vengeance à combler vos desirs;
D'un triomphe si beau goûtez tous les plaisirs,
Je n'en demande que la gloire:

Arethuse, le sort seconde mes bienfaits,
Il vous rend Immortelle ;
D'une gloire si belle
Il fait part à l'Amant charmé de vos attraits ;
En vous faisant vivre à jamais,
Il veut que vous brûliez d'une flâme éternelle.

Pour célébrer un jour si beau, si glorieux,
Les Dieux, & les Mortels s'assemblent dans ces lieux.

CHOEUR des Peuples.

Chantons l'Amour, chantons le pouvoir de ses armes,
Il blesse les Mortels, il enchaîne les Dieux ;
Il brûle au sein des Eaux, il regne dans les Cieux,
La Terre, les Enfers sont soûmis à ses charmes.

ARETHUSE.

Amor diletto,
Gioia del petto,
Ecco mio core,
Prendilo amore;

Che m'è gradita
La tua ferita!
Fammi languire,
Torna à ferire.

Amor diletto,
Gioia del petto,
Ecco mio core,
Prendilo amore;

LE CHOEUR.

Chantons l'Amour, chantons le pouvoir de ses armes,
Il blesse les Mortels, il enchaîne les Dieux ;
Il brûle au sein des Eaux, il regne dans les Cieux,
La Terre, les Enfers sont soûmis à ses charmes.

Fin du Troisiéme & dernier Acte.

www.ingramcontent.com/pod-product-compliance
Ingram Content Group UK Ltd.
Pitfield, Milton Keynes, MK11 3LW, UK
UKHW031741170726
13836UKWH00002B/801